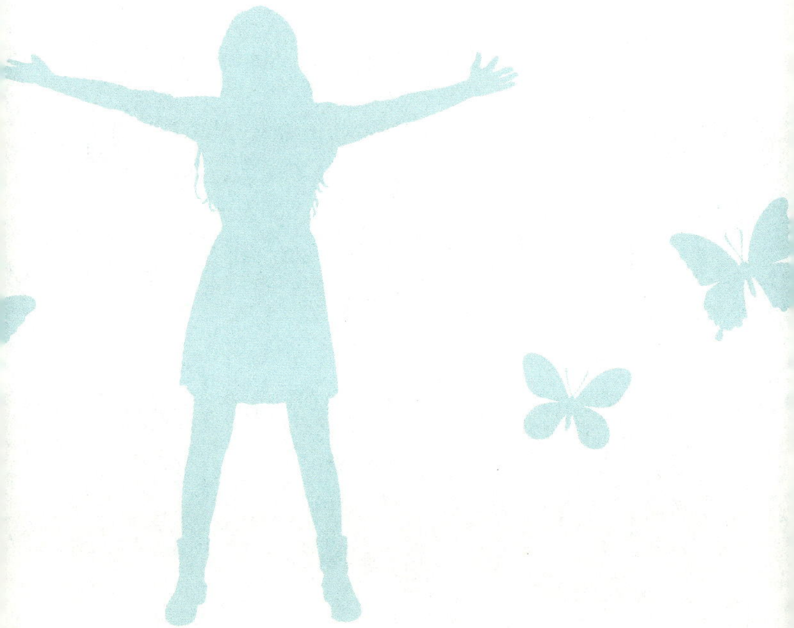

Sharon Garlough Brown

Unterwegs mit dir

Über die Autorin

Sharon Garlough Brown ist Pastorin. Gemeinsam mit ihrem Mann leitet sie eine Gemeinde in West Michigan, USA. Ihren reichen Erfahrungsschatz aus vielen Jahren geistlicher Retraiten und Kursen über geistliche Übungen webt sie meisterhaft in ihre Bücher ein.

Sharon Garlough Brown

Unterwegs mit dir

Der kleine Begleiter
für deine
Reise mit Gott

Gerth Medien

Inhalt

Vorwort

Als ich hörte, dass Gerth Medien ein Büchlein plant, das Kernzitate aus meiner Romanreihe „Unterwegs mit dir“ enthält, war ich hocherfreut. In den zurückliegenden Jahren habe ich immer wieder von Lesern gehört, dass ganz bestimmte Zeilen aus den Romanen sie verändert haben – sowohl ihr Leben mit Gott als auch das Zusammenleben mit ihren Mitmenschen. Aber ich hatte noch nie daran gedacht, diese Textpassagen in einem eigenen Buch zusammenzustellen! Ich bin dankbar dafür, dass ich diesen Schatz nun mit Ihnen teilen darf.

Die Zitate, die in diesem „kleinen Begleiter für deine Reise mit Gott“ versammelt sind, sind sorgfältig und betend ausgewählt worden, um Sie zu inspirieren und zu ermutigen. Entdecken

Sie die verschiedenen Themen, denen die Zitate zugeordnet wurden: „Eine Glaubensreise“, „Die Kraft geistlicher Übungen“, „Gott ist da – in Trauer und Schmerz“, „Vom guten Umgang mit der Angst“ und „Im Vertrauen weitergehen“. Ich hoffe, diese Sammlung an Weisheiten und Einsichten der verschiedenen Roman-Charaktere wird für Sie zu einem Segen auf Ihrer weiteren Reise immer tiefer hinein in Gottes Liebe und Gnade.

Eines meiner Lieblingsgebete aus der Bibel ist Epheser 3,14–21. Dieses Gebet enthält alle meine Wünsche für Sie. Ich bete es jetzt mit Dankbarkeit für Sie, meine lieben Reisebegleiter und -begleiterinnen.

Darum knie ich nieder vor Gott, dem Vater, und bete ihn an, ihn, dem alle Geschöpfe im Himmel und auf der Erde ihr Leben verdanken und den sie als Vater zum Vorbild haben. Ich bitte Gott, euch aus seinem unerschöpflichen Reichtum Kraft zu schenken, damit ihr durch seinen Geist innerlich stark werdet. Mein

Gebet ist, dass Christus durch den Glauben in euch lebt. In seiner Liebe sollt ihr fest verwurzelt sein; auf sie sollt ihr bauen. Denn nur so könnt ihr mit allen anderen Christen das ganze Ausmaß seiner Liebe erfahren. Ja, ich bete, dass ihr diese Liebe immer tiefer versteht, die wir doch mit unserem Verstand niemals ganz fassen können. Dann werdet ihr auch immer mehr mit dem ganzen Reichtum des Lebens erfüllt sein, der bei Gott zu finden ist. Gott aber kann viel mehr tun, als wir jemals von ihm erbitten oder uns auch nur vorstellen können. So groß ist seine Kraft, die in uns wirkt. Deshalb wollen wir ihn mit der ganzen Gemeinde durch Jesus Christus ewig und für alle Zeiten loben und preisen.

Und als Geliebte Gottes lasst uns gemeinsam „Amen" dazu sagen.

Ihre Sharon Garlough Brown

Eine Glaubensreise

Das Leben mit Gott
ist eine Reise, keine mit Bestnoten
zu bestehende Prüfung.

Komm zu mir

Jesus sagt: „Bist du müde? Erschöpft? Unsicher in Bezug auf deinen Glauben? Komm zu mir. Mach dich mit mir auf den Weg, und du wirst dein Leben zurückgewinnen. Ich will dir zeigen, wie du zur Ruhe kommen kannst.
Komm mit mir und arbeite mit mir – beobachte, wie ich das tue. Lerne den ungezwungenen Rhythmus der Gnade kennen. Ich werde dir nichts auferlegen, was du nicht tragen kannst. Bleib bei mir, und du wirst lernen, frei und leicht zu leben" (nach Matthäus 11,28–30).

Kommen Sie mit auf eine geistliche Reise …

Wegweiser

Wenn Sie auf der Suche nach dem richtigen Weg Orientierung brauchen, stellen Sie sich vor, dass ein Freund, der sich in derselben Situation befindet wie Sie, zu Ihnen kommt und Ihren Rat sucht.

Was würden Sie ihn fragen?
Worauf würden Sie ihn hinweisen?

Die Kraft der Gnade Gottes

Halten Sie Ausschau nach den Geysiren der Gnade Gottes, nach unvorhersehbaren Ausbrüchen, die sich nicht kontrollieren oder zähmen lassen. Warten Sie. Halten Sie Ausschau. Hoffen und beten Sie. Freuen Sie sich darüber, überrascht zu werden von der explosiven Kraft des Wassers, das keine noch so tiefe Dunkelheit halten kann.

Große Fragen

Woher komme ich? Und wohin gehe ich?
Denken Sie über diese Fragen nach. Vielleicht möchten Sie eine Zeitschiene Ihres Lebens erstellen und besonders wichtige und formende Ereignisse und Einflüsse darauf festhalten.

Was hat Sie geprägt?
Wo haben Sie Gottes Gegenwart gespürt
oder vermisst?
Welches sind die wichtigen Augenblicke,
in denen Sie Gott erleben?

Lassen Sie sich dabei Zeit. Wenn wir uns die Zeit nehmen, unsere Gedanken und Gefühle in Worte zu fassen, beziehen wir Gott ganz bewusst in den Prozess mit ein.

Bilder für die Seele

Jesus. Erlöser. Herr. Schöpfer. Vater.
Versorger. Heiler. Geist. Offenbarer.
Guter Hirte. Liebhaber. Arzt. Turm. Fels.
Tür. Wind. Licht der Welt. Lebendiges Wasser.
Lehrer. Freund. Tröster. Berater. ICH BIN.
Leiter. Helfer. Sieger. Retter.
Wahrheit. Weg. Immanuel. Erretter.
Autor. Wort. Schatz. König.
Lamm. Gastgeber. Zuflucht.
Liebe. Weinstock. Feuer. Gärtner. Bildhauer.
Auferstehung. Leben.

Vielleicht lässt ein bestimmter Begriff etwas in Ihnen anklingen. Schauen Sie, was Sie anzieht und abstößt. Der Geist Gottes spricht durch beides. Vielleicht ist eines der Bilder besonders positiv für Sie oder bereitet Ihnen Unbehagen. Nehmen Sie sich Zeit, um darüber nachzudenken. Und wenn Sie nicht wissen, warum Sie auf eine bestimmte Weise reagiert haben, bitten Sie den Geist Gottes, es Ihnen zu zeigen.

Ich halte Ausschau nach der Dämmerung
an dunklen Orten. Ich möchte wie
der Wächter sein, der den Horizont
absucht nach dem ersten Anzeichen
des Morgengrauens. Ich möchte in der
Dunkelheit warten und darauf vertrauen,
dass Gottes Licht scheinen wird.
Nicht nur für mich, sondern für alle,
die warten und Wache halten.

Ein Licht auf unserem Weg

Es ist Gottes Geschenk an uns, wenn sein Licht in die dunklen Ecken unseres Lebens fällt. Dabei kann das Licht selbst nichts an den Dingen ändern, aber es macht sie sichtbar. Und dann stehen wir vor der Wahl: Was werden wir mit den Dingen tun, die das Licht uns gezeigt hat? Sie ignorieren und versuchen, sie zu verdrängen, weil wir Angst vor Überforderung haben? Werden wir versuchen, sie selbst in Ordnung zu bringen? Oder werden wir in der Kraft des Heiligen Geistes weiter kleine Schritte in Richtung Freiheit machen, auch wenn es wehtut? Wir sind Meister darin, Dinge zu verdrängen, zu ignorieren oder zu versuchen, sie selbst in Ordnung zu bringen. Das beherrschen wir wirklich sehr gut. Doch wir dürfen einen anderen Weg ausprobieren, unsere Maske ablegen und stattdessen im Licht wandeln …

Wenn wir nicht hinter uns lassen,
was gewesen ist, dann kann es keine
Auferstehung zu neuem Leben geben.
Also klammere dich nicht an das,
was gewesen ist, oder an das, was ist,
sondern sei immer bereit loszulassen.

Heilsame Veränderungen

Im geistlichen Leben geht es nicht um Information, sondern um *Transformation*, um Veränderung von innen heraus. Stellen Sie sich auf Ihrer geistlichen Reise doch hin und wieder folgende Frage:
Welche Veränderungen in Christus erlebe ich gerade?

Gott schafft Neues in uns

Wenn wir an unserer eigenen Rechtschaffenheit verzweifeln, sind wir dem Reich Gottes viel näher, als wenn wir stolz darauf sind. Gott stellt uns manchmal auf die Probe und macht uns dadurch empfänglich für seine Gnade. Das ist vergleichbar mit Wehen: Sie verursachen schreckliche Schmerzen, aber gleichzeitig sind sie auch nötig, um die Geburt voranzutreiben. Gott will etwas Neues in uns schaffen. Vertrauen Sie darauf, dass er gerade dabei ist, Sie zu formen, egal, was auch geschehen mag. Lassen Sie den Mut nicht sinken. Der Herr ist nahe!

Nichts im Leben geschieht ohne Grund.
Alles, was wir erleben, kann uns formen.
Es kann uns entweder egozentrischer
machen oder uns näher zu
Christus hinziehen.

Was wir als Versagen werten,
ist in Wirklichkeit ein Werk der
Gnade Gottes in unserem Leben, um
uns von Scham und Furcht zu befreien.

Die Kraft geistlicher Übungen

Ich danke dir, Herr,
dass du mir dort begegnest,
wo ich gerade stehe.

Mit den Augen des Herzens

Viele Menschen lesen die Bibel, ohne sich jemals wirklich von dem Text formen zu lassen. Wenn wir uns mit unserem eigenen Zeitplan dem Wort Gottes zuwenden, dann sitzen wir selbst am Schalthebel. Wir suchen nach etwas, das wir für uns persönlich daraus mitnehmen können, anstatt zuzulassen, dass das Wort in uns eindringt. Viel zu leicht vergessen wir, dass das Wort Gottes auf übernatürliche Weise mit dem Heiligen Geist zusammenwirkt. Wir sollen mit den Augen des Herzens lesen.

Das Wort Gottes liest uns

In unserer schnelllebigen Zeit haben wir verlernt, bei einzelnen Wörtern zu verweilen. Beim Lesen eilen wir durch den Lesestoff, überfliegen ihn auf der Suche nach den wichtigsten Gedanken. Aber diese Art des Lesens wirkt geistlichem Wachstum entgegen. So wichtig es ist, im Wort Gottes zu lesen, müssen wir auch zulassen, dass Gottes Wort *uns* liest.

Gott in der Tiefe begegnen

Wenn Sie in Ihr Herz sehen, ist das so, als würden Sie in einen tiefen Brunnen schauen. Sie sehen das Wasser, aber auf der Wasseroberfläche erblicken Sie auch Ihr eigenes Spiegelbild. Sie sehen die gespiegelten Bilder Ihrer Hoffnungen, Ängste, Wünsche und Sehnsüchte. Vertrauen Sie darauf, dass Gott Ihnen in der Tiefe begegnet. Vertrauen Sie darauf, dass der Geist Gottes Ihnen die Wahrheit darüber offenbart, wer Sie sind und wer er ist.

Bestandsaufnahme

Es gibt Zeiten in unserem geistlichen Leben, in denen wir eine Bestandsaufnahme machen und uns gegebenenfalls neu ausrichten müssen. Im Johannesevangelium lesen wir davon, dass Jesus seine Jünger fragt: „Was sucht ihr?“ (Johannes 1,38). Stellen Sie sich vor, Jesus schaut Sie an und fragt: „Was suchst du?“ In welchem Tonfall stellt er Ihnen diese Frage? Was antworten Sie?

Das Gebet der liebenden Aufmerksamkeit I

Im Gebet der liebenden Aufmerksamkeit bitten wir den Geist Gottes, uns zu erforschen und zu prüfen. Gott lädt uns ein, sein Wirken in unserem Leben wahrzunehmen und den Dingen Beachtung zu schenken, die uns näher zu ihm bringen, aber auch denen, die uns von ihm forttreiben. Diese Art des Betens führt uns tief in unser Inneres, nicht damit wir ichbezogen und selbstsüchtig werden, sondern damit wir uns ganz tief kennenlernen können. Denn Selbsterkenntnis und Demut sind Wege, Gott immer näherzukommen und ihn zu lieben.

Das Gebet der liebenden Aufmerksamkeit II

Beim geistlichen Leben geht es darum, wach und aufmerksam für Gott zu sein, und diese Übung kann uns dabei helfen. Gott spricht durch die Dinge, die uns keine Ruhe lassen. Gott spricht durch die Dinge, die uns erfreuen und neue Energie geben, aber auch durch die Dinge, die uns deprimieren und auszehren. Achten Sie beim innerlichen Durchgehen Ihres Tages auf Ihre Reaktionen und Gefühle, die positiven wie die negativen. Der Geist Gottes spricht durch beides.

Stellen Sie sich vor, Sie denken über Ihren Tag nach. Dabei fällt Ihnen beispielsweise auf, wie wütend und abwehrend Sie reagiert haben, als jemand Sie kritisierte. Übergehen Sie diese Gefühlsregung nicht einfach, sondern schenken Sie ihr Beachtung und fragen Sie Gott, was Ihre Reaktion Ihnen sagen will, was er Ihnen damit klarmachen möchte.
Wie war Gott Ihnen in diesem Augenblick nahe? Wozu lädt Gott Sie ein? Während Sie darüber beten, könnten Sie erkennen, dass das, was die betreffende Person gesagt hat, wahr ist, und jetzt können Sie überlegen, was Sie durch Ihre abwehrende Haltung schützen möchten …

Das Gebet der liebenden Aufmerksamkeit III

Werden Sie innerlich still. Danken Sie für einige Geschenke, die Gott Ihnen heute hat zuteilwerden lassen. Bitten Sie anschließend den Heiligen Geist, Sie zu leiten, während Sie betend über Ihren Tag nachdenken. Lassen Sie Ihre Erlebnisse wie einen Kurzfilm in Ihrem Geist ablaufen. Halten Sie fest, was Ihnen Energie geschenkt und was Sie erschöpft hat. Achten Sie darauf, ob der Heilige Geist Sie bei einer Sache zum Verweilen und Nachdenken einlädt.

Einige Fragen, über die Sie während der Übung nachdenken können:

Wann waren Sie sich heute der
Gegenwart Gottes bewusst?
Wann fühlten Sie Gottes Abwesenheit?
Wann fühlten Sie sich besonders
lebendig und energiegeladen?
Wann fühlten Sie sich erschöpft,
beunruhigt oder aufgewühlt?

Nachdem Sie über Ihren Tag nachgedacht haben, bekennen Sie, was bekannt werden muss. Lassen Sie zu, dass Gottes Geist Ihnen ein Gefühl der Zufriedenheit, Gnade und Vergebung schenkt.

„Ich bin die Frau, die Jesus liebt."

Wie oft betrachten wir unser Spiegelbild und sehen nur die Dinge, die uns stören und die wir gern ändern würden?

Stellen Sie sich jeden Morgen vor den Spiegel und sagen Sie sich: „Jesus liebt mich. Er hat mich erwählt und will mich bei sich haben. Er wird mich niemals zurückweisen." Versuchen Sie, sich so zu sehen, wie er sie sieht. Sie sind erwählt. Geliebt. Begünstigt. Und unglaublich wertvoll in seinen Augen!

Es ist egal, wie albern Sie sich dabei vorkommen; tun Sie es einfach. Sprechen Sie es jedes Mal laut aus, wenn Sie vor dem Spiegel stehen. Machen Sie es sich zur Gewohnheit. Bitten Sie Ihre Freunde, Sie immer wieder daran zu erinnern.

Unser Kopf ist voller Geschichten, Bilder und Erinnerungen, durch die der Heilige Geist uns näher zu Jesus führen kann. Wenn wir uns mit unserer Vorstellungskraft in eine Bibelstelle vertiefen, geben wir Gott die Möglichkeit, uns neue Erkenntnisse über uns selbst und über ihn zu schenken.

Beten mit Vorstellungskraft I

Unsere Fantasie ist ein Geschenk von Gott, und Jesus möchte uns im Wort Gottes begegnen. Denn schließlich ist Jesus das lebendige Wort, das atmet, in Bewegung ist, inspiriert und offenbart. Also vertrauen Sie darauf, dass der Heilige Geist bei Ihnen ist, während Sie frei und kreativ mit Gott unterwegs sind. Lassen Sie alle Grenzen und Beschränkungen fallen. Legen Sie die Angst ab, womöglich etwas falsch zu machen. Hier geht es nicht um „richtig“ oder „falsch“. Hier geht es darum, Gott in der Tiefe unserer Emotionen zu begegnen, in der Tiefe unseres Herzens.

Beten mit Vorstellungskraft II

Bitten Sie den Heiligen Geist, Ihre Aufmerksamkeit und Fantasie zu leiten, während Sie dem Bibeltext langsam lesend begegnen.

Was sehen Sie? Was hören Sie?
Was riechen Sie? Was fühlen Sie?
Wie sehen die Menschen aus?
Wie ist die Stimmung?

Bitten Sie den Heiligen Geist, Sie zu leiten, während der Film vor Ihrem inneren Auge abläuft, und vertrauen Sie darauf, dass er es auch wirklich tun wird. Dann stellen Sie sich vor, Sie wären Teil der Geschichte. Treten Sie aktiv in den Text ein. Beobachten Sie, was die anderen Personen tun. Hören Sie auf das, was sie sagen.

Wo lädt der Geist Gottes Sie zur Teilnahme ein?
Welcher Mitwirkende sind Sie? Was sagen Sie?
Was sagt Jesus zu Ihnen?
Was wollen Sie?

Suchen Sie das Gespräch mit den anderen Personen. Scheuen Sie sich nicht, Dinge zu erfinden. Vertrauen Sie darauf, dass der Heilige Geist Ihnen Gottes Wahrheit offenbart, wenn Sie beten.

Anschließend reflektieren Sie betend das, was Sie mit dem Text erlebt haben. Was möchte Gott Ihnen mitteilen? Wie kann Sie diese Gebetserfahrung näher zu Jesus bringen?

Gottes grenzenlose Liebe

Was kann man dazu noch sagen? Wenn Gott für uns ist, wer kann dann gegen uns sein? Gott hat sogar seinen eigenen Sohn nicht verschont, sondern ihn für uns alle dem Tod ausgeliefert. Sollte er uns da noch etwas vorenthalten? Wer könnte es wagen, die von Gott Auserwählten anzuklagen? Niemand, denn Gott selbst spricht sie von aller Schuld frei.

Was also könnte uns von Christus und seiner Liebe trennen? Leiden und Angst vielleicht? Verfolgung? Hunger? Armut? Gefahr oder gewaltsamer Tod?

Mitten im Leid triumphieren wir über all dies durch Christus, der uns so geliebt hat. Denn ich bin ganz sicher: Weder Tod noch Leben, weder Engel noch Dämonen, weder Gegenwärtiges noch Zukünftiges noch irgendwelche Gewalten, weder Hohes noch

Tiefes oder sonst irgendetwas auf der Welt können uns von der Liebe Gottes trennen, die er uns in Jesus Christus, unserem Herrn, schenkt.
Auszug aus Römer 8

Lesen Sie sich selbst diesen Abschnitt aus Römer 8 vor. Lesen Sie danach den folgenden Text laut, nachdem Sie ihn für sich personalisiert haben:

Ich bin ganz sicher, dass nichts mich von deiner Liebe trennen kann: weder [diese Person] noch [jene Person], weder [diese Erfahrung von Mangel] noch [jene Erfahrung von Leid oder Trauer]. Nichts in der ganzen Welt kann mich jemals trennen von der Liebe Gottes, die mir verbürgt ist in Jesus Christus, meinem Herrn.

Rankgitter des Glaubens

Eine Regel, oder ein Rhythmus des Lebens ist eine bewusste Strukturierung, die dazu dient, uns freizumachen, um auf die Bewegungen des Heiligen Geistes zu reagieren. Wie ein Rankgitter hilft uns eine Regel, in die richtige Richtung zu wachsen, wenn wir unser Leben auf Jesus Christus hin ausrichten.

Zu einer Lebensregel gehören Übungen, die uns guttun, ebenso wie Dinge, die uns helfen, unsere Komfortzone zu verlassen. Das können tägliche, wöchentliche oder saisonale Praktiken sein, die an unsere Persönlichkeit und unsere Lebensphase angepasst sind.

Gott hat gewollt, dass die Menschen
ihn suchen, damit sie ihn vielleicht
ertasten und finden könnten.
Denn er ist ja jedem von uns ganz nahe.

Apostelgeschichte 17,27

Die Lebensregel – Vertiefung der Gottesbeziehung

Im Gegensatz zu einem Vorsatz geht es bei der Lebensregel nicht um Leistung. Es geht nicht darum, unser Leben in Ordnung zu bringen oder zu kontrollieren. Vielmehr wird eine Lebensregel erst entschieden und entwickelt, nachdem wir betend auf den Heiligen Geist gehört haben. Sie dient der Vertiefung unserer Beziehung zu Gott, nicht der Verbesserung unseres Charakters oder Verhaltens.

Aber solch eine Regel darf uns nicht selbst wieder zur Bürde werden. Sie muss atmen können. Sie ist keine starre Liste von Verpflichtungen. Sie muss widerspiegeln, wer wir in diesem Augenblick in Jesus Christus sind.

Hier einige Fragen, die Sie für sich beantworten sollten, wenn Sie über Ihre persönliche Lebensregel nachdenken:

Welche regelmäßigen Übungen helfen mir, die Liebe Gottes wahrzunehmen und auf sie zu reagieren? Welche Praktiken helfen mir, Beziehungen zu vertiefen und andere Menschen zu lieben? Welche Angewohnheiten und unguten Muster behindern meine Weiterentwicklung und Veränderung? Welche regelmäßigen Praktiken würden auf diese Muster abzielen und mir helfen, mit der Gnade Gottes zusammenzuarbeiten?

Im geistlichen Leben geht es nicht um Perfektion. Es geht darum, vertrauensvoll vorwärtszugehen. Einen Schritt nach dem anderen.

Gott ist da – in Trauer und Schmerz

Gott sagt niemals:
„Komm endlich darüber hinweg."
Niemals.
Gott sagt: „Gib es mir!"
Und das ist etwas ganz anderes.

Komm zu Jesus

Viele Menschen haben eine Mauer aus Bitterkeit, Zorn und Selbstmitleid um ihr Leid errichtet. Aber das ist zerstörerisch. Ebenso viele Menschen tun so, als wäre der Schmerz nicht da. Sie sind der Meinung, Gott erwarte von ihnen, dass sie ihren Schmerz leugnen, dass das Wegdrängen des Schmerzes ein Zeichen für Glauben wäre. Aber Jesus macht uns Mut, unseren Schmerz zu benennen und seine Gnade für uns in Anspruch zu nehmen.

Rede deinen Schmerz nicht klein

Manchmal vergleichen wir unseren Schmerz mit dem, was andere durchmachen, und sagen uns dann: „Du hast doch eigentlich gar keinen Grund, dich schlecht zu fühlen. Anderen geht es noch viel schlechter als dir!" Vielleicht tun wir das, weil wir denken, dass es ein guter und von Gott gewollter Umgang mit Leid ist. Aber im Prinzip versuchen wir doch nur, unseren Schmerz kleinzureden. Wir versuchen, ihn auf eine Größe zu schrumpfen, mit der wir umgehen können. Wir versuchen, ihn zu kontrollieren oder zu leugnen, und verschließen uns dadurch in unserem Innern. Aber am Ende vergiften wir uns damit nur selbst.

Wir dürfen nicht zulassen,
dass die Bitterkeit Wurzeln in uns schlägt,
denn sie erstickt jedes Leben.

Gott ist an deiner Seite

Manchmal drücken wir uns davor, über die schwierigen Dinge in unserem Leben nachzudenken, weil wir das Gefühl haben, die Traurigkeit, die Enttäuschung oder den Schmerz einfach nicht ertragen zu können. Doch machen Sie sich immer wieder bewusst: Gott ist die ganze Zeit über mit Ihnen gegangen, auch wenn Sie sich dessen gar nicht bewusst gewesen sind.

Gott, unser Tröster und Heilmacher

Jesus hat gesagt, dass er gekommen ist, um den Armen die gute Nachricht zu bringen, um die Augen der Blinden aufzutun und um die Gefangenen zu befreien. Dies ist die Aufgabe, der sich Jesus verschrieben hatte. Und dies ist es, was Gott durch die Kraft des Heiligen Geistes, unseres Ratgebers und Trösters, immer noch tut. Gott kommt in unser Leben, um unseren Schmerz zu heilen und uns freizumachen.

Stehe zu deinen Gefühlen

Ihr Zorn auf Gott kann ein Zeichen Ihrer Nähe zu ihm sein, auch wenn es sich im Augenblick nicht so anfühlt. Nur Menschen, die Gott wirklich und tief vertrauen, können ihrem Zorn auf ihn Luft machen. Auch wenn Sie derzeit nicht bereit sind, mit Gott zu reden, gibt es dennoch die Hoffnung, dass Sie nicht für immer zornig auf ihn sein werden. Seien Sie im Moment so ehrlich, wie es Ihnen möglich ist.

Der Weg der Heilung

Heilung kann wehtun. Je tiefer sie geht, desto mehr schmerzt sie. Aber wenn Sie Schmerz und Leid in Ihrem Leben aufdecken, führt Vermeidung nirgendwohin. Sie müssen durch den Schmerz hindurchgehen und sich diesem in der Gegenwart und Liebe Gottes stellen. Und wenn es Ihnen zu viel wird, denken Sie daran, dass Sie den Weg zur Heilung und Veränderung nicht allein gehen müssen. Wir brauchen niemals allein unterwegs zu sein. Gott gibt uns das Geschenk seiner Gegenwart durch den Trost und die Gemeinschaft anderer Menschen – durch Freunde, Pastoren, Therapeuten, Mentoren, Lehrer und andere, die uns helfen.

Das Wunder der Perle

Wie entsteht eine Perle? Aus einem Sandkorn in einer Auster. Manchmal ist es Sand, manchmal aber auch ein Parasit oder ein anderer Fremdkörper. Anfangs versucht die Auster, den Störenfried loszuwerden. Aber wenn ihr das nicht gelingt, dann bildet sie eine Kapsel um ihn herum. Diese wird nach und nach mit Perlmutt überzogen – derselben Substanz, aus der die Innenseite ihrer Schale besteht. Im Lauf ihres Lebens fügt die Auster Schicht um Schicht hinzu.

Wenn Sie also das nächste Mal eine Perlenkette anschauen, denken Sie daran, dass die Perlen Grabstätten für Parasiten sind!

Gottes grenzenlose Liebe

Gott möchte immer nur Gutes für Sie. Immer. In Gottes Herzen gibt es nichts außer Liebe zu Ihnen. Und weil Gott Sie mehr liebt, als Sie ahnen, wird er sehr behutsam Ihre Bereiche des Unbehagens und des Schmerzes offenbaren – nicht um Ihnen zu schaden, sondern damit Sie den Schmerz identifizieren und von Gott Trost und Heilung erbitten können.

Vergiss nie: Du bist geliebt!

Sie werden der Heilung und Freiheit näherkommen, wenn Sie sich selbst wirklich und wahrhaftig als Geliebte verstehen. Wenn Sie sich auf seine Liebe zu Ihnen verlassen, dann können Sie sich auch der Vergangenheit stellen, ohne Angst davor zu haben.

Jesus sagt:
»Ich bin die Auferstehung,
und ich bin das Leben.«
Johannes 11,25

Wenn wir Jesus unser Leben anvertrauen, leben wir in der Hoffnung. Inmitten von Tod. Inmitten von Veränderung. Inmitten von Trauer. Inmitten von Unsicherheit.

Was bedeutet es für Sie – jetzt, genau in diesem Moment –, Jesus als die Auferstehung und das Leben zu kennen?

Der Frühling wird kommen

Jemand, der bisher in einem Dschungel oder Regenwald gelebt hat, würde garantiert in schallendes Gelächter ausbrechen, wenn man ihm sagen würde, dass die grauen, winterkahlen Äste im Frühling wieder voller grüner Blätter sein werden. „Bis auf die Nadelhölzer sind alle Bäume tot", würde er sagen. Aber das stimmt nicht. Sie sind nicht tot! Sie schlafen nur! So ist es auch damals gewesen, als Jesus sagte, das kleine Mädchen sei nicht tot, es schlafe nur. Und in beiden Fällen ist eins sicher: Der Frühling wird kommen! Gott sei Dank!

Ich stehe in Gefahr, in den Schlamm
zurückzurutschen, hinunter in die Wonne
des Vergessens,
doch ich höre das Locken meines
Geliebten, flüsternd durch das Chaos
meiner Geschichte.
Der Gott, der mich zu sich zieht, drängt
mich weiter, und ich entdecke mein
stammelndes Ja.

Ich taumele weiter über holprige Wege
und staune über die Hand, die meine hält.
Hin und her, vor und zurück
in den Windungen der Reise.
Mut treibt mich weiter,
Glaube vertraut auf die Zukunft;
Weisheit lässt mich innehalten.
Ich ruhe am Wasser,
nehme mir Zeit, tief einzutauchen,
ich höre auf die Stimme.

nach Psalm 121

Inmitten unserer Enttäuschung ist es naheliegend, unseren Schmerz mit einem Ausrufezeichen zu versehen. Aber Gott hat eine Vorliebe für Kommas, und unser Leben – mit all seinen unerwarteten Wendungen und Kreuzungen – entfaltet sich Tag für Tag ein wenig mehr in ihm. Verlieren Sie nicht den Mut. Gott ist bei Ihnen. Möge er Sie hoffnungsvoll auf die nächste Etappe Ihrer Reise schicken.

Vom guten Umgang mit der Angst

Beim Glauben geht es nicht darum,
dass wir keine Angst mehr haben.

Glaube bedeutet, dass wir Gott
vertrauen, auch wenn wir Angst haben.

Vor allem, wenn wir Angst haben.

Der Abladeplatz für unsere Ängste

Denken Sie daran: Sie dürfen Gott und sich selbst gegenüber vollkommen ehrlich sein. Sie müssen Ihre Ängste nicht leugnen und Ihren Kummer nicht verdrängen. Ihre Furcht und Ihr Schmerz, Ihr Bedauern und Ihre Schuldgefühle, Ihre Sehnsüchte und Wünsche, Ihre Kämpfe und Fehler, Ihre Vergangenheit, Ihre Gegenwart und Ihre Zukunft – alles dürfen Sie Jesus zu Füßen legen, denn dort gehört es hin.

Selbst unsere Ängste werden zu Gelegenheiten, Jesus zu begegnen, wenn wir damit zu ihm gehen.

Unsere Ängste sind Fenster zur Seele

Wir brauchen nicht zu versuchen, uns selbst von unseren Ängsten zu befreien. Lassen wir uns lieber von unseren Ängsten die Wahrheit über uns selbst offenbaren. Unsere Ängste können Fenster zu unserer Seele sein. Wir klammern uns nicht an sie oder nähren sie, aber wir hören betend auf das, was sie uns sagen. Wir fragen Gott, was die Angst über unsere Person und unsere Bedürfnisse aussagt. Wir bringen unsere Ängste in das Licht der heilenden Liebe Gottes und bieten sie Gott als einen Ausdruck unserer Schwäche dar und als ein Zeichen dafür, wie sehr wir ihn brauchen.

Sieh auf Gott, nicht auf deine Angst

Das Ziel ist nicht, unsere Ängste abzuschütteln. Wenn unser Blick an unseren Ängsten hängt, kann er nicht auf Jesus gerichtet sein. Unser Bestreben ist es, Jesus näherzukommen. Gott nahe zu sein, ist immer unser erster Wunsch. Darum sollten wir uns auf die vollkommene Liebe und Treue Gottes konzentrieren und nicht auf unsere Angst. Wir sollten darüber nachdenken, wie groß Gott ist. Wie vertrauenswürdig. Wie liebevoll und gnädig. Und ganz langsam … Ganz langsam stellen wir fest, dass unser Vertrauen wächst und unsere Ängste schrumpfen – als ein Geschenk Gottes und durch seine Macht. *Nur* als Geschenk Gottes und durch seine Macht – nicht als Folge unseres eigenen Bemühens.

Gottes Versprechen

Lesen Sie sich selbst die ersten Verse aus Jesaja, Kapitel 43 vor, und an den Stellen, wo „Israel“ oder „Jakob“ steht, setzen Sie Ihren eigenen Namen ein. Ob man so etwas darf? Aber natürlich! Denn im Augenblick beschäftigen Sie sich nicht historisch mit diesem Text, sondern lesen ihn sozusagen als Gebet. Als Gottes Versprechen an Sie.

Doch nun spricht der Herr, der dich, ..., geschaffen hat und der dich, ..., gebildet hat: »Hab keine Angst, ich habe dich erlöst. Ich habe dich bei deinem Namen gerufen; du gehörst mir.« Wenn du durch Wasser gehst, ..., werde ich bei dir sein. Ströme sollen dich nicht überfluten! Wenn du durch Feuer gehst, ..., wirst du nicht verbrennen; die Flammen werden dich nicht verzehren! Ich habe dich bei deinem Namen gerufen, ……………, du bist mein.

Jesus sagte zu Jaïrus:
„Verzweifle nicht! Vertrau mir einfach, und deine Tochter wird gerettet!"
Lukas 8, 50

Gott sagt: »Verzweifle nicht.
Gib die Hoffnung nicht auf.
Vertraue mir.
Tu nur das, nichts weiter.«

Seien Sie ein Sonnenaufgangsmensch.
Halten Sie Ausschau nach der
Morgendämmerung.

Leben Sie voller
Erwartung und Hoffnung.

Warten Sie darauf, dass das Licht
am Horizont durchbricht.

Im Vertrauen weitergehen

Christus ähnlicher zu werden,
ist ein langsamer Prozess.
Haben Sie Geduld.
Seien Sie gnädig mit sich.

Das Wirken des Heiligen Geistes

Ist es Ihr Herzenswunsch, ganz nah bei Jesus zu sein? Denken Sie daran: Auch wenn wir manchmal einen wesentlichen Durchbruch und einen greifbaren Hinweis auf das Wirken des Heiligen Geistes erleben, ist geistliches Wachstum doch häufig nicht spürbar. Haben Sie Geduld. So wie Eltern die körperlichen Veränderungen ihrer Kinder nicht Tag für Tag wahrnehmen, sehen wir häufig nicht, dass sich etwas tut. Aber wenn die Großeltern nach einem halben Jahr zu Besuch kommen, staunen sie, wie viel das Enkelkind gewachsen ist und wie sehr es sich verändert hat. In einigen Monaten werden Sie zurückblicken und erkennen, wie sehr Gott Sie verändert hat, nur weil Sie Ja gesagt haben zum Wirken des Heiligen Geistes in Ihrem Leben.

Das Beste, was wir tun können

Legen Sie Ihr alltägliches, ganz gewöhnliches Leben, das Schlafen, Essen, die Arbeit und Freizeit, als Opfer vor Gott hin. Das anzunehmen, was Gott für Sie tut, ist das Beste, was Sie für ihn tun können. Seien Sie nicht so angepasst an Ihre Kultur, dass Sie sich einfügen, ohne nachzudenken. Richten Sie Ihr Augenmerk auf Gott. Sie werden Veränderung von innen heraus erfahren. Ganz anders als Ihre Kultur, die Sie immer auf ihre Ebene der Unreife herunterzieht, bringt Gott das Beste in Ihnen zum Vorschein und entwickelt „wohlgestaltete Reife" in Ihnen (Römer 12,1–2).

Gott spricht durch unsere Sehnsüchte

Manchmal glauben wir, dass Gott nur Dinge von uns verlangt, die wir eigentlich nicht wollen. Aber Gott spricht auch durch die tiefen Wünsche und Sehnsüchte unseres Herzens zu uns. Er lädt uns ein, auf die Dinge zu achten, die uns Leben und Freude bringen. Der gute Hirte leitet uns mit sanfter Hand. Und Sie werden seine Stimme erkennen. Das hat Jesus versprochen.

Lebendig sein

Einer der frühen Kirchenväter schrieb, dass die Herrlichkeit Gottes sich in einem Menschen offenbart, der ganz und gar lebendig ist. Wenn Ihr Gesicht zu leuchten anfängt, dann fangen Sie an, lebendig zu werden.

Fragen Sie sich auch manchmal:
Wer bin ich? Und was will ich?
Versuchen Sie zu erkennen,
wer Sie außerhalb Ihrer Beziehungen
oder Rollen sind, die Sie spielen.

Der Boden unserer Seele

Die „Bodenbeschaffenheit“ unserer Seele bestimmt maßgeblich über unser geistliches Wachstum. Wir müssen auf den Zustand des Bodens achten und den Prozess des Gedüngt- und Verbessertwerdens aushalten. Gott weiß, was er uns wegnehmen und was er in uns hineinlegen muss, damit wir Frucht bringen.

Die Perspektive verändert alles

Dienen aus Angst oder opfern aus Liebe … Erwischen Sie sich manchmal dabei, dass Sie eine Sache nur deshalb tun, weil Sie Gott gefallen möchten? Dann machen Sie sich Folgendes bewusst: Wenn Sie aus der Fülle Gottes heraus leben, dann hat alles, was Sie geben, einen anderen Ursprung. Sie können fröhlich etwas verschenken, weil Sie wissen, dass Sie alles haben, was Sie brauchen. Sie können fröhlich die Extrameile mitgehen, weil sie unablässig erfrischt und neu gefüllt werden.

Ein Paradigmenwechsel. Dasselbe Handeln, aber gespeist aus einer anderen Quelle und Motivation. Und das verändert alles!

Vom Umgang mit Fehlern

Der Schock über unser Versagen ist ein Beweis von Stolz, ein Zeichen für unsere Selbstverliebtheit. Jesus lädt uns dazu ein, uns nicht von unsern Fehlern überraschen zu lassen, sondern sie ihm zu bekennen. Und seine Gnade zu empfangen.

Mutig in das Dunkle schauen

Jesus geht behutsam vor und übt niemals Druck aus. Er fordert uns heraus, doch gleichzeitig verspricht er auch, uns nicht alleinzulassen, wenn wir den Mut aufbringen, die Steine wegzurollen und ihn in unsere Gräber schauen zu lassen. Nur so kann er Heilung und neues Leben über alte Wunden aussprechen.

Dein Wille geschehe

Hineni – Was bedeutet dieses Wort? Es bedeutet, dass nicht mein, sondern Gottes Wille geschehe. Dass ich nicht aus meiner Kraft, sondern aus seiner Kraft handle. Dass nicht mein Reich kommen soll, sondern seines. Dass ich ein immerwährendes Ja zu ihm und seiner Liebe finde. Es bedeutet: Hier bin ich, Herr. Mir geschehe, wie du gesagt hast.

Jeder Verlust endet im Leben

Es ist wichtig, dass wir jeden Verlust in unserem Leben in seinem ganzen Ausmaß betrauern. Doch dabei dürfen wir die Auferstehung und das Leben nicht aus den Augen verlieren. Jesus ist die Auferstehung und das Leben. Keiner unserer Verluste endet im Tod. Jeder von ihnen endet im Leben.

Dein Reich wird kommen

Das Königreich der Welt ist fortan das Königreich des Herrn und seines Christ; und er regiert auf immer und ewig: Herr der Herrn, der Welten Gott. Halleluja!
G. F. Händel, Zitat aus seinem „Halleluja", aus dem Oratorium „Messias"

Ja, Herr. Lass dies unser Lied sein, während wir darauf warten, dass dein Reich kommt. Egal, wie es von hier unten aus auch aussehen mag: Du wirst siegen, Herr. Du wirst siegen. Halleluja!

Unsere Wunden machen Jesu Liebe für andere sichtbar

Auferstehung bedeutet, dass durch Gottes Kraft sogar unsere Wunden verherrlicht werden; dass auch sie eine Geschichte erzählen und zum Zeugnis für andere werden können. Sie sagen: An dieser Stelle habe ich gelitten; hier bin ich verwundet worden, aber Jesus hat mich getröstet und geheilt. Unsere Wunden und unsere Narben machen Jesu Liebe und Macht für andere sichtbar – wenn wir den Mut haben, unsere Hände zu öffnen und sie zu zeigen.

Hilf mir, auf das Licht hinzuweisen, Herr,
und nicht zu versuchen, selbst das
Licht für andere zu sein.
Bitte sei du der, der du bist.
Für meine Lieben.
Für die Menschen, die sie lieben und
nach denen sie sich sehnen.

Und hilf mir, die guten und gnädigen
Grenzen, die du mir als ihrer Freundin
und Schwester in Christus gesetzt hast,
nicht zu überschreiten. Lehre mich.
Befreie mich.
Hilf mir, sie auf eine gute
Weise zu lieben.

MIX
Papier aus verantwortungsvollen Quellen
FSC® C014889
www.fsc.org

Die Auszüge in diesem Buch stammen aus den Romanen
„Unterwegs mit dir“, „Weil du mit mir gehst“,
„Du bleibst an meiner Seite“ und „Wohin du mich auch führst“.
Die Romanreihe ist im amerikanischen Original im Verlag InterVarsity Press erschienen, P. O. Box 1400, Downers Grove, Illinois 60515-1426 unter den Titeln „Sensible Shoes“, „Two Steps Forward“,
„Barefoot“ und „An Extra Mile“

2. Auflage 2021
Bestell-Nr. 817654
ISBN 978-3-95734-654-4

Covergestaltung: Hanni Plato
unter Verwendung von Shutterstock
Übersetzung: Eva Weyandt
Satz: Immanuel Grapentin
Druck und Verarbeitung: Friedrich Pustet, Regensburg
Printed in Germany

www.gerth.de

auf einer Glaubensreise

Band 3: Du bleibst an meiner Seite
978-3-95734-501-1

Band 4: Wohin du mich auch führst
978-3-95734-537-0

Vier Frauen, die unterschiedlicher nicht sein könnten, begegnen sich bei einem wöchentlichen Kurs, der eine Einführung in geistliche Übungen bietet: Hannah, eine engagierte Pastorin, die von ihrer Gemeindeleitung zu einer unfreiwilligen Auszeit verdonnert wird. Meg, verwitwet und nach dem Auszug ihrer erwachsenen Tochter einsam und richtungslos. Mara, die mit sich selbst und ihrer Ehe zu kämpfen hat. Und Charissa, die talentierte, aber von ihrem eigenen Perfektionismus völlig gelähmte Schönheit …